1 Resolva as tabuadas do 1 e do 2. Cole os adesivos e pinte a flor.

1 x 1 =

1 x 2 =

1 x 3 =

1 x 4 =

1 x 5 =

1 x 6 =

1 x 7 =

1 x 8 =

1 x 9 =

1 x 10 =

2 x 1 =

2 x 2 =

2 x 3 =

2 x 4 =

2 x 5 =

2 x 6 =

2 x 7 =

2 x 8 =

2 x 9 =

2 x 10 =

Agora, é a vez do 3 e do 4! Resolva as tabuadas, cole os adesivos e pinte.

3 x 1 =

3 x 2 =

3 x 3 =

3 x 4 =

3 x 5 =

3 x 6 =

3 x 7 =

3 x 8 =

3 x 9 =

3 x 10 =

4 x 1 =

4 x 2 =

4 x 3 =

4 x 4 =

4 x 5 =

4 x 6 =

4 x 7 =

4 x 8 =

4 x 9 =

4 x 10 =

3 Resolva as tabuadas do 5 e do 6. Cole os adesivos e pinte os desenhos.

5 x 1 =

5 x 2 =

5 x 3 =

5 x 4 =

5 x 5 =

5 x 6 =

5 x 7 =

5 x 8 =

5 x 9 =

5 x 10 =

6 x 1 =

6 x 2 =

6 x 3 =

6 x 4 =

6 x 5 =

6 x 6 =

6 x 7 =

6 x 8 =

6 x 9 =

6 x 10 =

4 Agora, é a vez do 7 e do 8! Resolva as tabuadas, cole os adesivos e pinte os desenhos.

7 x 1 =

7 x 2 =

7 x 3 =

7 x 4 =

7 x 5 =

7 x 6 =

7 x 7 =

7 x 8 =

7 x 9 =

7 x 10 =

8 x 1 =

8 x 2 =

8 x 3 =

8 x 4 =

8 x 5 =

8 x 6 =

8 x 7 =

8 x 8 =

8 x 9 =

8 x 10 =

5 Resolva as tabuadas do 9 e do 10. Cole os adesivos e pinte os desenhos.

9 x 1 =

9 x 2 =

9 x 3 =

9 x 4 =

9 x 5 =

9 x 6 =

9 x 7 =

9 x 8 =

9 x 9 =

9 x 10 =

10 x 1 =

10 x 2 =

10 x 3 =

10 x 4 =

10 x 5 =

10 x 6 =

10 x 7 =

10 x 8 =

10 x 9 =

10 x 10 =

6 Cole os adesivos e escreva quantas figuras de cada elemento aparecem na cena. Depois, resolva as multiplicações.

Somente uma das multiplicações abaixo está correta. Cole os adesivos e pinte as tartarugas de acordo com o resultado.

4 x 5 = 30	6 x 6 = 38	8 x 6 = 80	3 x 3 = 6
7 x 3 = 50	8 x 2 = 10	5 x 6 = 12	2 x 8 = 9
9 x 3 = 35	4 x 3 = 12	7 x 0 = 12	10 x 3 = 40

8 Cole os adesivos e pinte os animais de acordo com o resultado.

Cole os adesivos e pinte os dinossauros cujo resultado seja 12.

7 x 8 =

4 x 3 =

2 x 6 =

6 x 2 =

5 x 9 =

9 x 4 =

3 x 4 =

Cole os adesivos e pinte os elementos de acordo com o resultado.

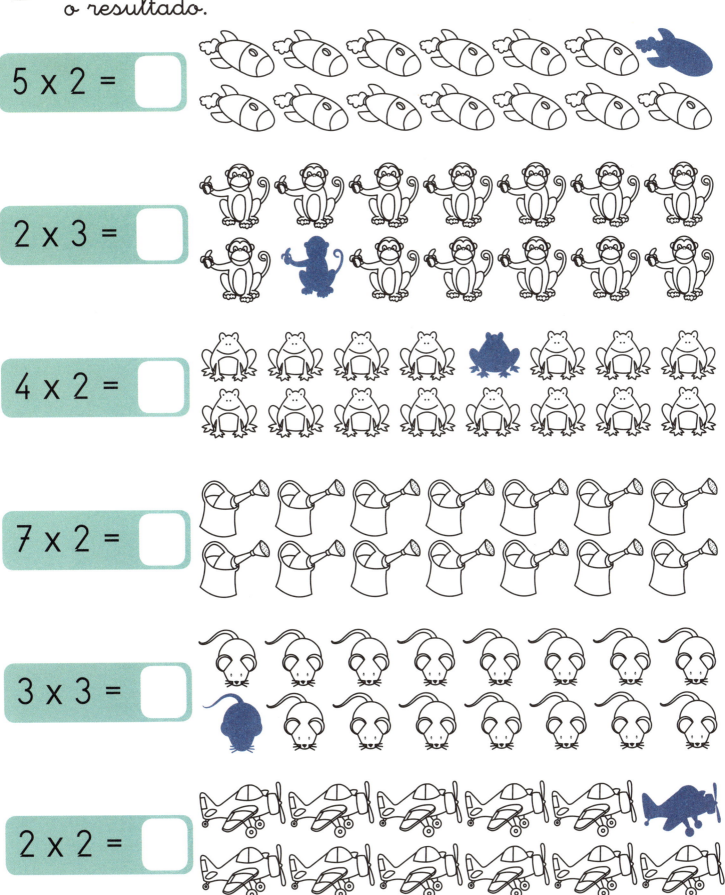

5 x 2 =

2 x 3 =

4 x 2 =

7 x 2 =

3 x 3 =

2 x 2 =

12 Faça as multiplicações e pinte o desenho de acordo com o código de cor.

16 = (rosa claro) 18 = (azul claro) 21 = (verde) 27 = (laranja)
30 = (azul) 36 = (vermelho) 28 = (roxo) 40 = (rosa)

6 x 6 =
7 x 3 =
9 x 4 =
6 x 3 =
10 x 3 =
2 x 9 =
9 x 3 =
8 x 2 =
7 x 4 =
4 x 10 =
8 x 5 =
9 x 2 =
5 x 6 =
5 x 8 =
4 x 4 =
3 x 6 =
2 x 8 =

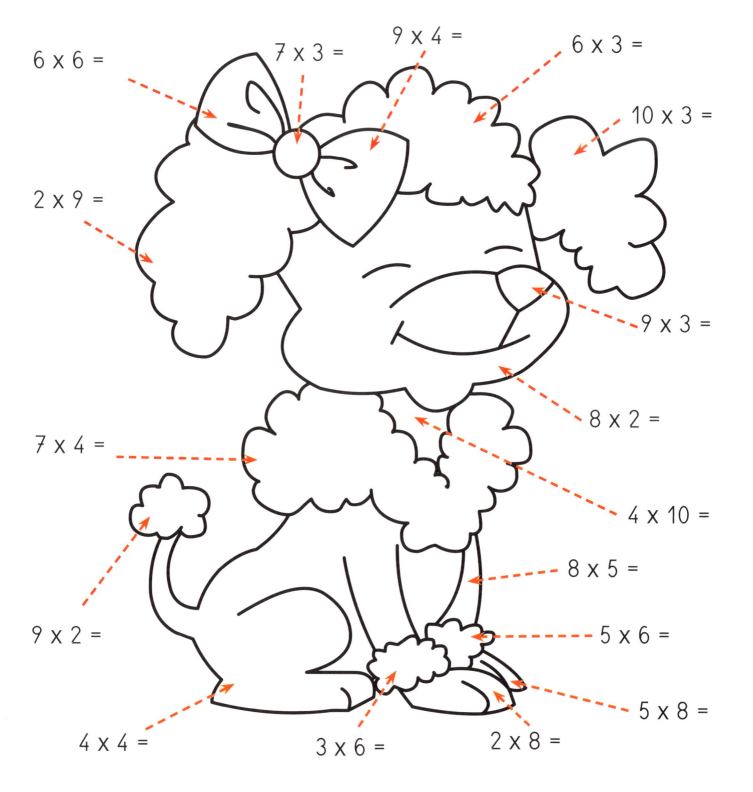